国家农民合作社示范社发展指数
研究报告（2018）

农业农村部农村合作经济指导司
农业农村部管理干部学院 ◎编著
中国农村合作经济管理学会

中国农业出版社
农村读物出版社
北 京

图书在版编目（CIP）数据

国家农民合作社示范社发展指数研究报告 . 2018 /
农业农村部农村合作经济指导司，农业农村部管理干部学
院，中国农村合作经济管理学会编著. —北京：中国农
业出版社，2020.5
　　ISBN 978-7-109-26778-7

　　Ⅰ.①国…　Ⅱ.①农…②农…③中…　Ⅲ.①农业合
作社－发展－指数－研究报告－中国－2018　Ⅳ.
①F321.42

中国版本图书馆 CIP 数据核字（2020）第 062308 号

中国农业出版社出版

地址：北京市朝阳区麦子店街 18 号楼
邮编：100125
责任编辑：张丽四
版式设计：史鑫宇　责任校对：沙凯霖
印刷：北京中兴印刷有限公司
版次：2020 年 5 月第 1 版
印次：2020 年 5 月北京第 1 次印刷
发行：新华书店北京发行所
开本：700mm×1000mm　1/16
印张：3.25
字数：60 千字
定价：58.00 元

前言

2018年是中国农民专业合作社发展不平凡的一年。6月15日，2018年国家农民合作社示范社申报工作正式启动；7月1日，修订后的《中华人民共和国农民专业合作社法》正式施行；9月21日，中共中央政治局就实施乡村振兴战略进行第八次集体学习时，习近平总书记明确提出，要突出抓好农民合作社和家庭农场两类农业经营主体发展，赋予双层经营体制新的内涵，不断提高农业经营效率；10月16日，全国农民专业合作社质量提升整县推进试点工作现场会在江苏省苏州市召开，农业农村部副部长韩俊出席会议并讲话。在这种良好外部环境的支持下，截至2018年12月底，全国在市场监管部门注册登记的农民专业合作社数量为217.3万家，比2017年增长7.6%，辐射带动了全国近一半农户。农民专业合作社继续在"三农"领域发挥重要作用，已经成为推进乡村振兴的骨干力量。

为更好地反映2018年度农民专业合作社发展情况，尤其是更全面客观地反映国家农民合作社示范社的基础实力、发展活力和创新能力，农业农村部农村合作经济指导司、农业农村部管理干部学院、中国农村合作经济管理学会在编写发布《中国农民专业合作社发展报告（2018）》的同时，又进一步利用"国家农民合作社示范社管理系统"中的样本数据，全面分析了国家农民合作社示范社发展现状，并尝试构建了国家农民合作社示范社发展指数，应用合理化指标对国家农民合作社示范社的整体发展水平进行评价，以此考量示范社发展的规范性和适宜性，也助力提高政府扶持资金的精准性和有效性。

编写组想努力为大家呈现客观公正和有价值有深度的研究成果，但本报告内容难免存在疏漏和错误，恳请全体读者批评指正。

编写组

2020年2月

目录
CONTENTS

1 概　　况

　　农民合作社是亿万农民在农村改革发展中的伟大创举。在"大国小农"的基本国情农情下，合作社是组织、引领、带动广大小农户衔接现代大农业、进入国内外大市场不可或缺的通道，是广大农户包括贫困农户提高生产经营效益、实现增收脱贫致富的重要途径，也是保持农村基本经营制度活力的重要组织形式。自 2007 年《农民专业合作社法》施行以来，我国农民合作社数量不断增长、实力不断提升。截至 2018 年 12 月底，全国在市场监管部门登记的农民专业合作社达到 217.3 万家，比 2017 年增长 7.6%，辐射带动了全国近一半农户，参加合作社农户的收入普遍比非成员农户高出 20% 以上。农民合作社已经成为重要的新型农业经营主体和现代农业建设的中坚力量，是推进乡村振兴的骨干力量。

　　与此同时，从总体上看，我国农民合作社还处于发展的初期阶段，不少合作社内部管理有待规范、市场竞争力有待提高、带动农户能力有待增强，需要不断加大培育和扶持力度。为此，近年来各地通过开展多种形式的农民合作社示范社建设活动，总结典型经验，扩大示范效应，有力推动了农民合作社规范快速发展。实践证明，通过开展农民合作社示范社建设，树立一批可学可比的典型，发挥其示范引领作用，引导农民合作社完善运行机制，增强内部活力和发展后劲，是推动农民合作社规范化、上水平发展的一种有效措施，是探索新形势下政府指导农民合作社发展、提高服务水平的有效工作方法。

　　为了贯彻落实中央关于深入推进示范社创建工作要求，发挥示范社的带头引领作用，2013 年 7 月，经国务院批准，由农业部、发展改革委、财政部等 9 部门组成的全国农民合作社发展部际联席会议制度正式建立。同年 12 月，9 部门联合下发了《国家农民专业合作社示范社评定及监测暂行办法》（农经发〔2013〕10 号）。2014 年 8 月，9 部门又专门下发了《关于引导和促进农民合作社规范发展的意见》（农经发〔2014〕7 号），要求各级各有关部门把加强农民合作社规范化建设摆在更加突出的位置。2019 年 9 月，中央农办、农业农村部等 11 个部门和单位再次联合印发《关于开展农民合作社规范提升行动的若干意见》（中农发〔2019〕18 号），对开展农民合作社的规范提升和示范创建作出了总体部署。2019 年 11 月，新修订的《国家农民合作社示范社评定及监测办法》（农经发〔2019〕5 号）发布，对国家农民合作社示范社的评定和监测工作作出了进一步的规范和指导。

基于此，本报告选取国家农民合作社示范社作为研究对象，分析我国农民合作社排头兵的发展现状，并探索评价其发展水平的测度方法。目前，农业农村部会同全国农民合作社发展部际联席会议成员单位联合评定了 8 470 家国家农民合作社示范社。为了具体了解我国农民合作社样本示范社的发展现状，本研究采用了"国家农民合作社示范社管理系统"中填写的 2018 年度数据的合作社为样本对象，共收集有效样本 4 142 个（约占当前国家农民合作社示范社总数的 48.73%，这些样本中不含用水协会）。

2 国家农民合作社示范社发展现状

2.1 基本分布情况

2.1.1 所在地区分布情况

表2-1显示了样本示范社的地区分布情况。

4 142家样本示范社分布于全国31个省（自治区、直辖市），其中，样本示范社数量较多（≥200家）的省份有9个，分别是河南（487家）、四川（397家）、湖北（305家）、江西（287家）、甘肃（274家）、广东（244家）、河北（216家）、山西（212家）、云南（205家）；数量较少（＜30家）的省份有7个，分别是湖南（19家）、黑龙江（15家）、西藏（13家）、上海（11家）、天津（3家）、广西（1家）和海南（1家）。①

从表2-1可以看出，按区域划分，样本示范社分布最多的是华中地区（超过1/4），西南、西北和华北地区的样本示范社数量大体接近（占比均为16%左右），东北和华南地区的样本示范社数量较少（占比分别为4.66%和5.94%）。

表2-1 样本示范社的地区分布情况

地　区	样本个数（个）	比例（%）
华北地区（北京、天津、河北、山西、内蒙古）	662	15.98
东北地区（辽宁、吉林、黑龙江）	193	4.66
华东地区（山东、江苏、安徽、浙江、福建、上海）	560	13.52
华中地区（湖北、湖南、河南、江西）	1 098	26.51
华南地区（广东、广西、海南）	246	5.94
西南地区（四川、云南、贵州、西藏、重庆）	692	16.71

---

①　因为填报2018年示范社年度报表的进度相对比较滞后，所以部分省份纳入本次示范社统计的样本较少。

（续）

地　　区	样本个数（个）	比例（%）
西北地区（宁夏、新疆、青海、陕西、甘肃）	691	16.68
合计	4 142	100

2.1.2　所在产业分布情况

从表2-2可以看出，按产业划分，超过五成的样本示范社集中于种植业，其次是养殖业（约占三成），从事服务业、林业、加工业和农林特类的示范社合计占比为18.18%，这与当前我国农民合作社的行业分布情况基本一致。

表2-2　样本示范社的产业分布情况

主要产业	样本个数（个）	比例（%）
种植业	2 155	52.03
养殖业	1 234	29.79
服务业	226	5.46
林业	325	7.85
加工业	35	0.85
农林特类	167	4.03
合计	4 142	100

2.1.3　登记及评定时间分布情况

从表2-3可以看出，样本示范社注册登记的时间绝大多数集中于2007年以后，2007年以前注册登记的样本示范社只有173家（占比为4.18%），而其中2007—2010年4年间的注册登记数量最为集中（占比超过2/3）。

表2-3　样本示范社的登记年份分布情况

登记年份（年）	样本个数（个）	比例（%）
1999—2002	13	0.31
2003—2006	160	3.86

（续）

登记年份（年）	样本个数（个）	比例（%）
2007—2010	2 781	67.14
2011—2014	1 113	26.87
2015—2018	75	1.81
合计	4 142	100

从表 2-4 可以看出，样本示范社被评定为国家农民合作社示范社的时间分布主要集中于 2014 年和 2015 年，合计占比为 64.66%；2018 年最新评定为国家农民合作社示范社的代表性样本也为数不少（占 1/4），只有在2016 年被评定为国家农民合作社示范社的代表性样本较少（只占 10%）。

表 2-4 样本示范社的评定年份分布情况

评定年份（年）	样本个数（个）	比例（%）
2014	1 525	36.82
2015	1 153	27.84
2016	418	10.09
2018	1 046	25.25
合计	4 142	100

2.2 组织发展情况

2.2.1 成员发展情况

1. 成员数量

根据 2018 年"农民合作社样本示范社年度报表"数据，结合表 2-5成员数量的基本统计情况可以看出，4 142 家样本示范社成员总数为97.23 万人，其中农民成员占绝对多数（占 98.67%）；样本示范社的平均成员数为 235 人（其中农民成员数平均为 232 人）。

表 2-5 成员数量基本统计情况

基本统计值	成员数（人）	其中：农民成员数（人）
总值	972 297	959 358

（续）

基本统计值	成员数（人）	其中：农民成员数（人）
平均值	235	232
标准差	442	439
有效样本（个）	4 142	4 142

从表2-6可以看出，样本示范社的实有成员数大部分分布于100～200人的区间（占68.16%），其次是200～500人区间（占22.74%），成员100人以下的示范社数量不到100家，示范社社均成员数远高于农民合作社的全国平均水平（2018年全国农民合作社社均成员数为46人）。经过数年的发展，示范社成员人数增加明显，这其中还出现了若干实有成员数量5 000人以上的大型示范社（表2-7）。

表2-6　成员数量实际分布情况

成员人数分布（人）	成员情况	
	样本个数（个）	比例（%）
<100	97	2.34
[100，200]	2 823	68.16
(200，500]	942	22.74
>500	280	6.76
有效样本	4 142	100

表2-7　实有成员5 000人以上合作社分布情况

所属省份	合作社名称	实有成员数（人）
新疆	昌吉市榆树沟镇民心农村资金互助社	10 808
陕西	大荔县果农果品专业合作社	5 690
河北	迁西县喜峰口板栗专业合作社	5 300
江苏	东台市民星蚕业专业合作社	5 300
河南	浚县新枝种植专业合作社	5 093

2. 成员分布范围

从表2-8可以看出，样本示范社的成员仍然以本村为主（超过四成），但成员跨村的示范社已超过总数的 1/5，而且成员跨乡镇以上的示范社也占比较大（合占 38.22%），可见示范社在不断走出原生村庄，慢慢变身区域性合作社。

表 2-8 成员分布情况

成员分布	样本个数（个）	比例（%）
村内	1 724	41.62
跨村	835	20.16
跨乡镇	1 167	28.17
跨县市	258	6.23
跨地市	80	1.93
跨省份	78	1.88
有效样本	4 142	100

3. 成员中已建档立卡的贫困户

《中共中央　国务院关于打赢脱贫攻坚战三年行动的指导意见》（中发〔2018〕16 号）明确提出要加大产业扶贫力度，着力完善新型农业经营主体与贫困户联动发展的利益联结机制，推广股份合作、订单帮扶、生产托管等有效做法，实现贫困户与现代农业发展有机衔接。从表 2-9 可以看出，37% 的样本示范社拥有建档立卡的贫困户成员，其中贫困户成员数绝大部分集中于 50 人以下。从基本统计值来看，样本示范社共接收贫困户成员约 6.7 万人，社均 16 人，合作社参与国家扶贫攻坚任务的作用显著。其中，贫困户成员数最多的是河北省青龙满族自治县五指山板栗专业合作社，贫困户成员为 2 202 人，占合作社实有成员总数的 67.15%。

表 2-9 建档立卡贫困户成员数量分布情况

人数分布（人）	样本个数（个）	比例（%）
0	2 609	62.99
[1, 50]	1 216	29.36
(50, 100]	193	4.66
(100, 200]	83	2.00
>200	41	0.99
有效样本	4 142	100

4. 入社成员收入情况

从表 2－10 可以看出，在有效样本中，示范社入社成员比非入社农户年收入高出百分比（平均值）为 31.73％，成员社内年平均所得收入约为 2.48 万元（根据《中国统计年鉴 2018》，2017 年，全国居民人均可支配收入约为 2.6 万元，而农村居民人均可支配收入为 1.34 万元）。

表 2－10　入社成员收入基本统计情况

基本统计值	入社成员比非入社农户年收入高出百分比（平均值,％）	成员社内年平均所得收入（元）
平均值	31.73	24 814.22
标准差	24.55	24 670.35
有效样本（个）	4 142	4 142

具体而言，从表 2－11 可以看出，示范社入社成员比非入社农户年收入高出百分比（平均值）分布主要集中于 10％～40％（合计占比 76.90％，而且各细分区间分布较为均匀，均约为 1/4），而收入高出百分比超过 50％的只有 321 家，只占到总数的 7.75％。

表 2－11　入社成员比非入社农户年收入高出百分比分布情况

百分比分布（％）	样本个数（个）	比例（％）
≤10	404	9.75
(10, 20]	1 098	26.51
(20, 30]	1 040	25.11
(30, 40]	1 047	25.28
(40, 50]	232	5.60
(50, 100]	285	6.88
>100	36	0.87
有效样本	4 142	100

从表 2－12 可以看出，在有效样本中，成员社内年平均所得收入大于 1 万元的示范社约占七成（69.60％），还有部分超过 5 万元（占 10.48％），示范社带动成员增收的效果较为显著。

表 2 - 12　成员社内年平均所得收入分布情况

收入分布（元）	样本个数（个）	比例（%）
≤5 000	666	16.08
(5 000, 10 000]	593	14.32
(10 000, 20 000]	1 008	24.34
(20 000, 30 000]	755	18.23
(30 000, 40 000]	430	10.38
(40 000, 50 000]	256	6.18
(50 000, 100 000]	359	8.67
> 100 000	75	1.81
有效样本	4 142	100

2.2.2　资产构成情况

1. 资产总额

从表 2 - 13 可以看出，样本示范社拥有的资产总额合计约为 574.39 亿元，社均资产总额为 1 386.75 万元。样本示范社拥有的固定资产净值合计为 254.13 亿元，社均为 613.55 万元。当然，因为样本示范社的资产总额与固定资产净值均存在极大值，所以平均值波动幅度也比较大（标准差较大）。

表 2 - 13　合作社资产总额基本统计情况

基本统计值	资产总额（万元）	其中：固定资产净值（万元）
总值	5 743 913.24	2 541 321.72
平均值	1 386.75	613.55
标准差	1 798.99	827.20
有效样本（个）	4 142	4 142

具体而言，从表 2 - 14 可以看出，样本示范社的社均资产总额分布主要集中于 1 000 万元以内，占比为 58.33%，社均资产总额超过 5 000 万元的占比很小，仅为 3.67%。其中，样本示范社的社均固定资产净值则主要集中于 500 万元以内，占比为 63.98%。

表 2 - 14　合作社资产总额分布情况

资产分布（万元）	资产总额		固定资产净值	
	样本个数（个）	比例（%）	样本个数（个）	比例（%）
≤500	1 179	28.46	2 650	63.98
(500，1 000]	1 237	29.86	894	21.58
(1 000，2 000]	986	23.80	399	9.63
(2 000，5 000]	588	14.20	176	4.25
(5 000，10 000]	125	3.02	19	0.46
>10 000	27	0.65	4	0.10
有效样本	4 142	100	4 142	100

2. 负债总额

从表 2 - 15 可以看出，样本示范社的负债总额合计约为 175.16 亿元，社均负债总额为 422.88 万元，其中贷款余额合计为 100.14 亿元（占负债总额的 57.17%），社均贷款余额为 241.76 万元。与资产总额的情况一样，样本示范社负债总额和贷款余额的平均值波动幅度也比较大。

表 2 - 15　合作社负债总额基本统计情况

基本统计值	负债总额（万元）	其中：贷款余额（万元）
总值	1 751 580.96	1 001 373.17
平均值	422.88	241.76
标准差	994.54	599.72
有效样本（个）	4 142	4 142

具体而言，从表 2 - 16 可以看出，样本示范社的社均负债总额主要分布于 200 万元以内，社均贷款余额则主要分布于 100 万元以内，占比分别为 53.36% 和 49.49%。而且，经计算，样本示范社的平均资产负债率仅为 29.04%。资产负债率反映了在总资产中有多大比例是通过借债来筹资的。因此，通过减少债务、增加储蓄或增加与营运资本相关的资产比例可以改进该比率。一般而言，越是大型的合作社越依赖于通过借贷进行融资，而企业资产负债率的适宜水平是 40%～60%，可见我国农民合作社

示范社的整体负债水平还是偏低的。

表 2-16　合作社负债总额分布情况

负债分布（万元）	负债总额		贷款余额	
	样本个数（个）	比例（%）	样本个数（个）	比例（%）
≤100	1 400	33.80	2 050	49.49
(100，200]	810	19.56	855	20.64
(200，500]	1 042	25.16	814	19.65
(500，1 000]	514	12.41	263	6.35
>1 000	376	9.08	160	3.86
有效样本	4 142	100	4 142	100

3. 所有者权益

从表 2-17 可以看出，样本示范社的所有者权益分布主要集中于 500 万元以上，合计占比为 55.7%。经计算，样本示范社的所有者权益合计约为 388.15 亿元，平均值为 937.12 万元。同时，样本示范社的所有者权益比高达 71.5%。所有者权益比等于所有者权益除以总资产，测量的是使用所有者权益对合作社进行融资的情况，集中体现的是合作社的偿债能力。一般而言，小型的合作社往往所有者权益比较高，因为其自有资产，也就是通过内部成员进行融资的比例比较高。与资产负债率的情况相呼应，有超过七成的示范社是通过内部成员进行融资，而只有接近三成的示范社是通过对外借贷进行融资。

表 2-17　合作社所有者权益分布情况

权益分布（万元）	样本个数（个）	比例（%）
≤100	211	5.09
(100，200]	415	10.02
(200，500]	1 209	29.19
(500，1 000]	1 179	28.46
(1 000，5 000]	1 049	25.33
>5 000	79	1.91
有效样本	4 142	100

2.2.3 成员出资情况

1. 出资形式

从表2-18可以看出，样本示范社的成员出资总额约为234.98亿元，社均成员出资额为567.3万元，其中，出资形式中占比最高的是货币出资（占76.32%），其次是实物出资（占19.58%），最少的是其他出资形式（占4.1%）。

表2-18　合作社出资形式基本统计情况

基本统计值	成员出资额（万元）	出资形式比例（%）		
		货币出资比例	实物出资比例	其他出资比例
总值	2 349 772.75	—	—	—
平均值	567.30	76.32	19.58	4.10
标准差	783.43	35.75	33.01	14.75
有效样本（个）	4 142	4 142	4 142	4 142

具体而言，从表2-19可以看出，样本示范社的成员出资分布主要集中于500万元以内（合占2/3），100万元以内的为数最少，仅占9.78%。

表2-19　合作社成员出资额分布情况

出资分布（万元）	样本个数（个）	比例（%）
≤100	405	9.78
(100，200]	1 056	25.49
(200，500]	1 305	31.51
(500，1 000]	856	20.67
>1 000	520	12.55
有效样本	4 142	100

2. 出资构成

从表2-20可以看出，样本示范社的理事会成员出资比例平均为六成（60.73%），但其中理事长个人平均出资超过理事会出资的半数（占

34.57%）。在793个有效样本中，示范社团体成员平均出资比例也较高，占34.31%。

表2-20 合作社出资构成基本统计情况

基本统计值	理事长出资比例（%）	理事会出资比例（%）	团体成员出资比例（%）
平均值	34.57	60.73	34.31
标准差	28.36	33.30	26.41
有效样本（个）	4 138	4 141	793

具体而言，从表2-21可以看出，超过六成（60.03%）的样本示范社在理事会出资占比方面超过了50%；其中，半数以上（55.68%）理事长的个人出资比例超过20%，有1/4以上（26.15%）理事长的个人出资比例超过了50%。而在有效样本中，示范社团体成员出资比例超过50%的也接近1/4。由此可见，样本示范社的普通成员出资相对较少。

表2-21 合作社出资构成分布情况

出资构成分布（%）	理事长出资比例		理事会出资比例		团体成员出资比例	
	样本个数（个）	比例（%）	样本个数（个）	比例（%）	样本个数（个）	比例（%）
≤10	998	24.12	361	8.72	186	23.46
(10，20]	836	20.20	327	7.90	131	16.52
(20，30]	441	10.66	349	8.43	77	9.71
(30，40]	435	10.51	294	7.10	133	16.77
(40，50]	346	8.36	324	7.82	68	8.58
>50	1 082	26.15	2 486	60.03	198	24.97
有效样本	4 138	100	4 141	100	793	100

2.2.4 收益分配情况

1. 收入情况

从表2-22可以看出，样本示范社在2018年的总收入合计约为630.73亿元，其中经营收入合计为607.08亿元。从平均数来看，样本示范社的总收入平均为1 522.76万元，其中经营收入平均为1 465.68万元，经营收入占总收入的比例达 96.25%。同样，样本示范社总收入和经营收入的平均值波动也较为明显。

表 2-22　合作社总收入基本统计情况

基本统计值	总收入（万元）	其中：经营收入（万元）
总值	6 307 281.08	6 070 830.62
平均值	1 522.76	1 465.68
标准差	2 438.11	2 392.21
有效样本（个）	4 142	4 142

具体而言，从表 2-23 可以看出，样本示范社的总收入和经营收入主要集中于 1 000 万元以下的区间（均约占六成），其次是 1 000 万～5 000 万元区间（均约占 1/3），总收入和经营收入大于 5 000 万元的示范社很少（均不超过 6%）。

表 2-23　合作社总收入分布情况

收入分布（万元）	总收入		年经营收入	
	样本个数（个）	比例（%）	样本个数（个）	比例（%）
≤500	1 328	32.06	1 437	34.69
(500, 1 000]	1 151	27.79	1 112	26.85
(1 000, 2 000]	774	18.69	741	17.89
(2 000, 5 000]	661	15.96	635	15.33
(5 000, 10 000]	185	4.47	175	4.23
>10 000	43	1.04	42	1.01
有效样本	4 142	100	4 142	100

2. 支出情况

从表 2-24 可以看出，样本示范社在 2018 年度的总支出合计约为 543.59 亿元，平均支出为 1 312.39 万元，其中用于支付工资福利总额的平均比例最高（占 14.05%），其次是行政事业收费的平均比例（占 3.92%）。

表 2 - 24 合作社总支出基本统计情况

基本统计值	总支出（万元）	其中：缴纳税额比例（%）	行政事业性收费比例（%）	支付工资福利总额比例（%）
总值	5 435 903.65	—	—	—
平均值	1 312.39	2.14	3.92	14.05
标准差	2 256.41	5.66	10.84	19.43
有效样本（个）	4 142	416	117	1 978

具体而言，从表 2 - 25 可以看出，超过四成（42.8%）的样本示范社在 2018 年度的总支出主要集中于 500 万元以下区间；年度总支出超过 1 000万元的示范社也为数不少，超过 1/3（34.77%）。

表 2 - 25 合作社总支出分布情况

支出分布（万元）	样本个数（个）	比例（%）
≤500	1 776	42.88
(500，1 000]	926	22.36
(1 000，2 000]	685	16.54
(2 000，5 000]	579	13.98
(5 000，10 000]	140	3.38
>10 000	36	0.87
有效样本	4 142	100

3. 盈余情况

从表 2 - 26 可以看出，样本示范社在 2018 年的年度盈余合计约为 87.14 亿元，平均为 210.38 万元；总盈余合计为 105.36 亿元，平均为 254.37 万元；可分配盈余合计为 97 亿元，平均为 234.19 万元。在对有效样本的数据分析中还发现，有若干样本示范社的盈余情况均为负值（年度盈余为负值的有 112 家，占 2.7%；总盈余为负值的有 92 家，占 2.22%；可分配盈余为负值的有 107 家，占 2.58%），即合作社处于亏损状态。

表 2-26　合作社盈余基本统计情况

基本统计值	年度盈余（万元）	总盈余（万元）	可分配盈余（万元）
总值	871 377.43	1 053 603.37	970 019.70
平均值	210.38	254.37	234.19
标准差	436.63	497.74	480.95
有效样本（个）	4 142	4 142	4 142

具体而言，从表 2-27 可以看出，样本示范社的年度盈余、总盈余和可分配盈余的分布均主要集中于 50 万元以下区间（各占 30.71%、26.46%、30.13%），在 50 万～100 万元、100 万～200 万元和 200 万～500 万元区间的分布较为均衡，各为 20% 左右。

表 2-27　合作社盈余分布情况

盈余分布（万元）	年度盈余		总盈余		可分配盈余	
	样本个数（个）	比例（%）	样本个数（个）	比例（%）	样本个数（个）	比例（%）
≤50	1 272	30.71	1 096	26.46	1 248	30.13
(50, 100]	814	19.65	767	18.52	798	19.27
(100, 200]	851	20.55	873	21.08	805	19.44
(200, 500]	842	20.33	904	21.83	852	20.57
(500, 1 000]	260	6.28	345	8.33	302	7.29
>1 000	103	2.49	157	3.79	137	3.31
有效样本	4 142	100	4 142	100	4 142	100

从表 2-28 可以看出，在合作社的盈余提取中，129 家样本示范社提取盈余用于弥补上年度亏损（平均提取比例为 28.37%）；有超过半数（54.25%）的样本示范社在盈余中提取了公积金（平均提取比例为 12%）；还有部分样本示范社在盈余中提取了公益金和风险金（平均提取比例分别为 7.96% 和 8.94%）。同时，所有样本示范社的可分配盈余按成员与本社交易量（额）返还的平均比例为 67.19%，符合《农民专业合作社法》规定的"可分配盈余按成员与本社的交易量（额）比例返还的返还总额不得低于可分配盈余的百分之六十"的要求。

表2-28 合作社盈余提取及返还基本统计情况

基本统计值	弥补上年度亏损比例（%）	提取公积金比例（%）	提取公益金比例（%）	提取风险金比例（%）	可分配盈余按成员与本社交易量（额）返还比例（%）
平均值	28.37	12.00	7.96	8.94	67.19
标准差	27.81	10.02	8.86	9.05	6.84
有效样本（个）	129	2 247	757	425	4 142

具体而言，从表2-29可以看出，样本中高达96.89%的示范社未将合作社盈余用于弥补上年度亏损（或者说未发生上年度亏损的情况），在129个有效样本中，超过半数（55.04%）的示范社提取了20%以内的盈余用于弥补上年度亏损；在提取公积金的样本示范社中，提取公积金的比例主要集中于10%以内（占63.91%）；在提取公益金和风险金的样本示范社中，提取比例也主要集中于10%以内（分别占83.49%和77.65%）。而所有样本示范社的可分配盈余按成员与本社交易量（额）返还比例均超过了60%。

表2-29 合作社盈余提取及返还分布情况

比例分布（%）	弥补上年度亏损比例		提取公积金比例		提取公益金比例		提取风险金比例		可分配盈余按成员与本社交易量（额）返还比例	
	样本个数（个）	比例（%）	样本个数（个）	比例（%）	样本个数（个）	比例（%）	样本个数（个）	比例（%）	样本个数（个）	比例（%）
(0，10]	42	32.56	1 436	63.91	632	83.49	330	77.65	—	—
(10，20]	29	22.48	564	25.10	105	13.87	68	16.00	—	—
(20，30]	15	11.63	151	6.72	8	1.06	15	3.53	—	—
(30，40]	9	6.98	50	2.23	4	0.53	5	1.18	—	—
(40，50]	11	8.53	24	1.07	1	0.13	3	0.71	—	—
≥50	23	17.83	22	0.98	7	0.92	4	0.94	—	—
(50，60)	—	—	—	—	—	—	—	—	—	—
≥60	—	—	—	—	—	—	—	—	4 142	100
有效样本	129	100	2 247	100	757	100	425	100	4 142	100

2.3 组织建设情况

2.3.1 组织机构建设情况

1. 理事会、监事会情况

首先，关于理事会和监事会的人数构成情况。经计算，样本示范社的理事会人数平均为 5.05 人，监事会人数平均为 3.21 人。从表 2-30 也可以看出，样本示范社的理事会人数大多为 5 人（占 37.35%），其次为 3 人（超过 1/4）；监事会人数为 3 人的超过半数（占 50.51%）。

表 2-30　合作社理事会、监事会成员人数分布情况

人数分布（人）	理事会		监事会	
	样本个数（个）	比例（%）	样本个数（个）	比例（%）
1	203	4.90	619	14.94
2	169	4.08	484	11.69
3	1 086	26.22	2 092	50.51
4	177	4.27	170	4.10
5	1 547	37.35	544	13.13
6	200	4.83	68	1.64
7	354	8.55	69	1.67
8	66	1.59	22	0.53
9	104	2.51	24	0.58
10	51	1.23	12	0.29
>10	185	4.47	38	0.92
有效样本	4 142	100	4 142	100

其次，关于理事长的个人基本情况。从表 2-31 可以看出，样本示范社的理事长绝大多数为男性（84.98%），当然，也有 622 家示范社的理事长是女性，比例高于一般合作社。

表 2-31　理事长性别分布情况

性别分布	样本个数（个）	比例（%）
男	3 520	84.98

（续）

性别分布	样本个数（个）	比例（%）
女	622	15.02
有效样本	4 142	100

从表 2-32、表 2-33 可以看出，样本示范社理事长的平均年龄约为 49 岁。理事长年龄分布比较合理，其中 40～50 岁年龄段（即 70 后）占比最高，占了四成（40.83%）；其次是 50～60 岁年龄段（即 60 后），约占 1/3（32.62%）；第三是 30～40 岁年龄段，占 13.57%；年龄超过 60 岁和小于 30 岁的理事长占比均不超过 10%（分别为 9.05% 和 3.94%）。

表 2-32　理事长年龄基本统计情况

基本统计值	年龄（周岁）
平均值	48.58
标准差	9.12
有效样本（个）	4 142

表 2-33　理事长年龄分布情况

年龄分布（周岁）	样本个数（个）	比例（%）
≤30	163	3.94
(30, 40]	562	13.57
(40, 50]	1 691	40.83
(50, 60]	1 351	32.62
>60	375	9.05
有效样本	4 142	100

从表 2-34 可以看出，样本示范社理事长中是中共党员的占 47.01%，极大地发挥了党员的先锋模范作用。《乡村振兴战略规划（2018—2022 年）》和《中共中央　国务院关于建立健全城乡融合发展体制机制和政策体系的意见》（中发〔2019〕12 号）均明确提出，要坚

持农村基层党组织领导核心地位，强化农村基层党组织领导作用，大力推进村党组织书记通过法定程序担任村民委员会主任和集体经济组织、农民合作组织负责人。

表 2 - 34 理事长政治面貌分布情况

是否中共党员	样本个数（个）	比例（%)
是	1 947	47.01
否	2 195	52.99
有效样本	4 142	100

从表 2 - 35 可以看出，在样本示范社中，理事长的学历水平为高中的占比最高，超过 1/4（25.81%），其次是大专学历（占 24.82%)，第三是小学及以下学历（24.17%），前三名差距不大。但如果合并计算大专、本科和硕士研究生学历，则理事长具有大专及以上学历水平的占比已接近1/3（32.62%)，占比最高。

表 2 - 35 理事长受教育程度分布情况

受教育程度分布	样本个数（个）	比例（%)
小学及以下	1 001	24.17
初中	381	9.20
高中	1 069	25.81
中专	340	8.21
大专	1 028	24.82
本科	299	7.22
硕士	24	0.58
有效样本	4 142	100

从表 2 - 36 可以看出，样本示范社的理事长绝大部分是农民身份（占86.26%)，这其中仅有 145 家示范社是由村干部领办的（即村干部领办型合作社），占 3.5%；此外，有 229 家示范社的理事长是企业人员身份（即企业领办型合作社），占 5.53%；还有 64 家示范社的理事长是事业单位人员身份（即基层政府派出机构领办型合作社），占 1.55%。对于样本示范社的执行监事或监事长而言，高达 95.05% 为农民身份，这其中仅有

56 家示范社的执行监事或监事长由村干部兼任，占 1.35%。

表 2-36　理事长、监事长身份分布情况

身份分布	理事长		执行监事或监事长	
	样本个数（个）	比例（%）	样本个数（个）	比例（%）
农民	3 428	82.76	3 881	93.70
其中：村干部	145	3.50	56	1.35
企业人员	229	5.53	82	1.98
事业单位人员	64	1.55	32	0.77
社会组织人员	26	0.63	8	0.19
其他	250	6.04	83	2.00
有效样本	4 142	100	4 142	100

2. 成员（代表）大会情况

经计算，样本示范社的成员（代表）大会年度召开次数平均为 3.06 次。从表 2-37 也可以看出，样本示范社在 2018 年度召开的成员（代表）大会次数集中于 1~3 次（占 71.34%）。

表 2-37　成员（代表）大会年度召开次数分布情况

召开次数分布（次）	样本个数（个）	比例（%）
1	839	20.26
2	1 562	37.71
3	554	13.38
4	638	15.40
5	195	4.71
>5	354	8.55
有效样本	4 142	100

3. 聘用工作人员情况

从表 2-38 可以看出，样本示范社聘用工作人员 5.6 万余人，其中数量最多的是技术人员（1.5 万余人），其次是销售人员（1.3 万余人）。从平均数来看，样本示范社平均聘用工作人员数量约为 14 人，其中技术人员平均为 3.63 人，销售人员平均约为 3.21 人，专业会计人员平均约为 1 人，职业经理人平均为 0.66 人，大学生村官平均为 0.11 人。

表 2-38　合作社聘用工作人员数基本统计情况

基本统计值	聘用工作人员（人）	其中：职业经理人（人）	大学生村官（人）	专业会计人员（人）	销售人员（人）	技术人员（人）
总值	56 087	2 740	465	4 302	13 280	15 036
平均值	13.54	0.66	0.11	1.04	3.21	3.63
标准差	28.36	1.49	0.53	0.98	6.53	5.71
有效样本（个）	4 142	4 142	4 142	4 142	4 142	4 142

注：聘用工作人员当中还包括了不少合作社雇用的生产作业人员等普通工人。

具体而言，从表 2-39 可以看出，绝大多数（82.76%）的样本示范社都聘用了专门的工作人员，聘用人数主要集中于 20 人以内（占66.20%）。其中，约 3/4 的示范社都聘用了专业会计人员（75.21%）和技术人员（74.38%），接近 2/3（65.62%）的示范社聘用了销售人员，超过 1/3（36.34%）的示范社聘用了职业经理人，也有少数（6.95%）的示范社聘用了大学生村官，各自聘用人数均集中于 5 人以内。

表 2-39　合作社聘用工作人员数量分布情况

人数分布（人）	聘用工作人员 样本个数（个）	聘用工作人员 比例（%）	职业经理人 样本个数（个）	职业经理人 比例（%）	大学生村官 样本个数（个）	大学生村官 比例（%）	专业会计人员 样本个数（个）	专业会计人员 比例（%）	销售人员 样本个数（个）	销售人员 比例（%）	技术人员 样本个数（个）	技术人员 比例（%）
0	714	17.24	2 637	63.66	3 854	93.05	1 027	24.79	1 424	34.38	1 061	25.62
[1, 5]	984	23.76	1 456	35.15	281	6.78	3 108	75.04	2 118	51.13	2 345	56.62
(5, 10]	968	23.37	40	0.97	7	0.17	4	0.10	384	9.27	444	10.72
(10, 20]	790	19.07	6	0.14	0	0.00	2	0.05	158	3.81	206	4.97
(20, 30]	311	7.51	3	0.07	0	0.00	1	0.02	38	0.92	58	1.40
(30, 40]	143	3.45	0	0.00	0	0.00	0	0.00	2	0.05	15	0.36
(40, 50]	74	1.79	0	0.00	0	0.00	0	0.00	9	0.22	6	0.14
>50	158	3.81	0	0.00	0	0.00	0	0.00	9	0.22	7	0.17
有效样本	4 142	100	4 142	100	4 142	100	4 142	100	4 142	100	4 142	100

4. 党团组织建设情况

从表 2-40 可以看出，超过 1/4（26.58%）的样本示范社建立了基层党组织，也有部分（8.96%）示范社建立了共青团组织。样本示范社的党团组织建设工作表现良好。

表 2-40　合作社党团组织建设分布情况

分布情况	建立党组织		建立团组织	
	样本个数（个）	比例（%）	样本个数（个）	比例（%）
是	1 101	26.58	371	8.96
否	3 041	73.42	3 771	91.04
有效样本	4 142	100	4 142	100

2.3.2　财务制度建设情况

从表 2-41 可以看出，接近九成（88.82%）的样本示范社均建立了财务管理制度，还有约 1/3（33.15%）的示范社进行了财务外包，开展代理记账。

表 2-41　合作社财务管理制度建设分布情况

分布情况	建立财务管理制度		代理记账	
	样本个数（个）	比例（%）	样本个数（个）	比例（%）
是	3 679	88.82	1 373	33.15
否	463	11.18	2 769	66.85
有效样本	4 142	100	4 142	100

2.3.3　其他制度建设情况

从表 2-42 可以看出，绝大多数样本示范社都建立了合作社质量管理制度、质量安全追溯制度和生产记录档案制度（占比各为 86.02%、78.73%和 85.42%）。

表 2-42　合作社其他制度建设分布情况

分布情况	建立合作社质量管理制度		建立质量安全追溯制度		建立生产记录档案制度	
	样本个数（个）	比例（%）	样本个数（个）	比例（%）	样本个数（个）	比例（%）
是	3 563	86.02	3 261	78.73	3 538	85.42

（续）

分布情况	建立合作社质量管理制度		建立质量安全追溯制度		建立生产记录档案制度	
	样本个数（个）	比例（%）	样本个数（个）	比例（%）	样本个数（个）	比例（%）
否	579	13.98	881	21.27	604	14.58
有效样本	4 142	100	4 142	100	4 142	100

2.4 运营活动情况

2.4.1 产品销售服务情况

1. 产品销售渠道情况

从表 2-43 可以看出，在有效样本中，示范社的产品销售渠道按销售量比例排序依次为批发市场、其他渠道、超市、社区门店、网络。可以看出，传统的批发市场销售模式在农产品流通形式中仍然占主导地位（平均占比为 53.06%）。批发市场的作用是"化整为零"，可划分为多层级批发商，在生产者和消费者之间通过多级批发完成供应链过程。但是，批发市场模式也存在着不少问题，诸如准入门槛低、营销方式粗放、成本高、难以形成标准化等。

表 2-43 合作社产品销售渠道基本统计情况

基本统计值	批发市场销售量比例（%）	超市销售量比例（%）	网络销售量比例（%）	社区门店销售量比例（%）	其他渠道销售量比例（%）
平均值	53.06	9.45	8.33	9.12	20.04
标准差	33.82	13.91	13.13	16.70	31.22
有效样本（个）	3 575	2 298	2 218	1 955	2 714

具体而言，从表 2-44 可以看出，在有效样本中，超过六成（62.74%）示范社通过批发市场销售农产品的销售比例大于 50%，不过也有部分示范社未通过批发市场销售农产品（占 13.69%）；样本示范社中有超过半数的合作社通过超市（占 55.48%）和网络渠道（占 53.55%）销售农产品，但是多数合作社通过超市和网络渠道的销售量

比例低于10％（占有效样本总数的49.09％和57.44％）；样本示范社中
有接近半数（占47.2％）的合作社通过社区门店销售农产品，但其中
多数合作社通过社区门店渠道的销售量比例也低于10％（占有效样本总
数的50.9％）。

表 2-44　合作社产品销售渠道分布情况

销售量比例（%）	批发市场		超市		网络		社区门店		其他渠道	
	样本个数（个）	比例（%）	样本个数（个）	比例（%）	样本个数（个）	比例（%）	样本个数（个）	比例（%）	样本个数（个）	比例（%）
(0, 10]	237	6.63	1 128	49.09	1 274	57.44	995	50.90	1 347	49.63
(10, 20]	255	7.13	657	28.59	471	21.24	461	23.58	403	14.85
(20, 30]	248	6.94	294	12.79	254	11.45	197	10.08	153	5.64
(30, 40]	231	6.46	86	3.74	103	4.64	89	4.55	106	3.91
(40, 50]	361	10.10	57	2.48	50	2.25	62	3.17	72	2.65
>50	2 243	62.74	76	3.31	66	2.98	151	7.72	633	23.32
有效样本	3 575	100	2 298	100	2 218	100	1 955	100	2 714	100

从表 2-45 还可以看出，已经有超过1/3（36.8％）的样本示范社建
立了合作社网站或是设立了农产品展销网店，示范社开展电子商务活动较
为积极。相比传统的批发市场销售模式，电商模式的交易过程可以节约大
量中间环节和流通时间，可以有效降低成本。

表 2-45　合作社建立网站、网店分布情况

是否建立合作社网站、网店	样本个数（个）	比例（%）
是	1 523	36.80
否	2 619	63.20
有效样本	4 142	100

2. 统购统销服务情况

从表 2-46、表 2-47 可以看出，绝大部分的样本示范社为成员提供
了统购统销服务（平均占比分别为86.52％和88.43％）。样本示范社在
2018年度为成员统一购买生产资料总额为232.5亿元，社均为561.33万

元；统一组织销售农产品总额为491.32亿元，社均为1186.19万元。同样，由于样本示范社统购统销服务的额度均存在极大值，所以平均值波动幅度也比较大（标准差较大）。

表2-46 合作社统购统销服务比率基本统计情况

基本统计值	统一购买生产资料比率（%）	统一组织销售农产品比率（%）
平均值	86.52	88.43
标准差	26.18	16.80
有效样本（个）	3 788	3 790

表2-47 合作社统购统销服务总额基本统计情况

基本统计值	统一购买生产资料总额（万元）	统一组织销售农产品总额（万元）
总值	2 325 028.86	4 913 198.98
平均值	561.33	1 186.19
标准差	1 806.04	1 867.12
有效样本（个）	3 788	3 790

具体而言，从表2-48可以看出，在有效样本中，示范社为成员统一购买生产资料的总额绝大部分集中于500万元以内（占76.45%），而为成员统一组织销售农产品的总额则大部分集中于2000万元以内（占83.72%）。

表2-48 合作社统购统销服务总额分布情况

金额分布（万元）	统一购买生产资料总额		统一组织销售农产品总额	
	样本个数（个）	比例（%）	样本个数（个）	比例（%）
≤500	2 896	76.45	1 691	44.62
(500，1 000]	423	11.17	883	23.30
(1 000，2 000]	254	6.71	599	15.80
(2 000，5 000]	163	4.30	482	12.72
＞5 000	52	1.37	135	3.56
有效样本	3 788	100	3 790	100

2.4.2　产品品牌建设情况

1. 拥有注册商标及专利情况

从表 2-49 可以看出，样本示范社拥有注册商标合计为 4 155 个，社均拥有 1 个注册商标。其中，拥有中国驰名商标合计为 186 个，社均 0.04 个；拥有著名商标合计为 997 个，社均 0.24 个；拥有专利合计为 1 565 项，社均 0.38 项。

表 2-49　合作社拥有商标及专利基本统计情况

基本统计值	拥有注册商标数（个）	其中：中国驰名商标（个）	其中：著名商标（个）	拥有专利数（项）
总值	4155	186	997	1565
平均值	1.00	0.04	0.24	0.38
标准差	1.47	0.24	0.52	1.99
有效样本	4142	4142	4142	4142

具体而言，从表 2-50 可以看出，约 2/3（66.61%）的样本示范社拥有注册商标，其中绝大多数只拥有 1 个注册商标；另有约一成（9.68%）示范社拥有专利，其中多数也只拥有 1 项专利。应该认识到，商标是合作社的无形资产，通过积累品牌号召力与品牌公信力，走品牌可持续发展道路，是合作社实现高水平发展的必由之路。

表 2-50　合作社拥有商标及专利分布情况

数量分布（个）	拥有注册商标数		拥有专利数	
	样本个数（个）	比例（%）	样本个数（个）	比例（%）
0	1 383	33.39	3 741	90.32
1	2 052	49.54	152	3.67
2	454	10.96	83	2.00
3	129	3.11	40	0.97
4	42	1.01	29	0.70

（续）

数量分布（个）	拥有注册商标数		拥有专利数	
	样本个数（个）	比例（%）	样本个数（个）	比例（%）
5	38	0.92	19	0.46
[6，10]	32	0.77	43	1.04
>10	12	0.29	35	0.85
有效样本	4 142	100	4 142	100

2. 拥有使用农产品质量认证情况

从表2-51可以看出，样本示范社拥有农产品质量认证合计为8 124项，社均约2项。其中，拥有无公害农产品认证合计为3 313项，社均0.8项；拥有绿色食品认证1 821项，社均0.44项；拥有有机产品认证1 202项，社均0.29项；拥有地理标志产品认证850项，社均0.21项；拥有食品质量安全生产许可证（QS）924项，社均0.22项。

表2-51 合作社拥有农产品质量认证基本统计情况

基本统计值	拥有使用农产品质量认证数（项）	其中：无公害农产品（项）	绿色食品（项）	有机产品（项）	地理标志产品（项）	食品质量安全生产许可证（项）
总值	8 124	3 313	1 821	1 202	850	924
平均值	1.96	0.80	0.44	0.29	0.21	0.22
标准差	4.29	2.02	1.53	2.40	0.51	0.67
有效样本（个）	4 142	4 142	4 142	4 142	4 142	4 142

具体而言，从表2-52可以看出，约2/3（66.03%）的样本示范社都拥有农产品质量认证，但大多数拥有不超过5项的认证数（占59.8%）。其中，超过四成（43.89%）示范社拥有无公害农产品认证，超过两成（23.85%）的示范社拥有绿色食品，接近两成的示范社分别拥有地理标志产品（18.32%）和食品质量安全生产许可证（QS）（18.73%），约一成半（15.09%）的示范社拥有有机产品认证，其中认证数量为1项的占绝大多数。

表 2-52 合作社拥有农产品质量认证分布情况

数量分布（个）	农产品质量认证数		其中：无公害农产品		绿色食品		有机产品		地理标志产品		食品质量安全生产许可证	
	样本个数（个）	比例（%）	样本个数（个）	比例（%）	样本个数（个）	比例（%）	样本个数（个）	比例（%）	样本个数（个）	比例（%）	样本个数（个）	比例（%）
0	1 407	33.97	2 324	56.11	3 154	76.15	3 517	84.91	3 383	81.68	3 366	81.27
1	1 087	26.24	1 420	34.28	751	18.13	508	12.26	717	17.31	711	17.17
2	684	16.51	149	3.60	87	2.10	53	1.28	23	0.56	39	0.94
3	362	8.74	71	1.71	51	1.23	26	0.63	6	0.14	10	0.24
4	199	4.80	42	1.01	32	0.77	9	0.22	6	0.14	5	0.12
5	145	3.50	42	1.01	16	0.39	5	0.12	3	0.07	6	0.14
[6, 10]	183	4.42	61	1.47	38	0.92	15	0.36	4	0.10	4	0.10
>10	75	1.81	33	0.80	13	0.31	9	0.22	0	0.00	1	0.02
有效样本	4 142	100	4 142	100	4 142	100	4 142	100	4 142	100	4 142	100

2.4.3 其他运营活动情况

1. 培训成员和农民情况

经计算，样本示范社在 2018 年度培训成员和农民总数约为 329 万人次，社均约为 796 人次。从表 2-53 还可以看出，样本示范社开展成员培训活动的培训人次绝大部分超过了 100 人次（接近七成），其中在 100～500 人次区间的最多（超过 1/3）。

表 2-53 合作社培训成员和农民数分布情况

人数分布（人次）	样本个数（个）	比例（%）
≤100	1 277	30.83
(100, 500]	1 430	34.52
(500, 1 000]	576	13.91
(1 000, 5 000]	756	18.25
>5 000	97	2.49
有效样本	4 142	100

2. 兴办产后加工业务情况

从表2-54、表2-55可以看出，约有两成样本示范社（849家）兴办了产后加工业务，而这些样本示范社中超过半数（50.29%）从加工流通环节获得的收入超过了200万元。另外，经计算，849家有效样本示范社从加工流通环节获得的收入合计为50.37亿元，社均为593.32万元。

表2-54 合作社兴办产后加工业务分布情况

是否兴办产后加工业务	样本个数（个）	比例（%）
是	849	20.50
否	3 293	79.50
有效样本	4 142	100

表2-55 合作社加工流通收入分布情况

收入分布（万元）	样本个数（个）	比例（%）
≤100	279	32.86
(100, 200]	143	16.84
(200, 500]	170	20.02
(500, 1 000]	131	15.43
>1 000	126	14.84
有效样本	849	100

3. 开展成员信用合作情况

从表2-56可以看出，只有极少数样本示范社（176家，占4.25%）开展了成员信用合作业务。在有效样本中，示范社开展成员信用合作的金额合计为6.61亿元，社均为375.49万元。但从表2-56还可以看出，样本示范社开展成员信用合作的金额分布依然有接近半数（47.16%）小于100万元。

表2-56 合作社开展成员信用合作金额分布情况

金额分布（万元）	样本个数（个）	比例（%）
≤100	83	47.16
(100, 200]	27	15.34
(200, 500]	38	21.59

（续）

金额分布（万元）	样本个数（个）	比例（%）
（500，1 000]	15	8.52
>1 000	13	7.39
有效样本	176	100

4. 流转土地情况

从表 2-57 可以看出，超过六成的样本示范社（2 527 家，占 61%）涉及流转土地。在有效样本中，示范社流转土地面积合计为 950 万亩*，社均为 3 759.52 亩。但从表 2-57 还可以看出，样本示范社流转土地面积依然有约三成（29.48%）小于 500 亩，超过四成（45.15%）小于 1 000 亩。当然，也有一部分（13.73%）示范社的流转土地面积超过了 5 000 亩。

表 2-57　合作社流转土地面积分布情况

面积分布（亩）	样本个数（个）	比例（%）
≤500	745	29.48
（500，1 000]	396	15.67
（1 000，5 000]	1 039	41.12
（5 000，10 000]	203	8.03
>10 000	144	5.70
有效样本	2 527	100

5. 加入联合社情况

从表 2-58 可以看出，不少样本示范社都加入了联合社（约占三成）。在新修订的《中华人民共和国农民专业合作社法》中明确规定了联合社享有独立的法人地位后，合作社的联合趋势越来越明显。

表 2-58　合作社加入联合社分布情况

是否加入联合社	样本个数（个）	比例（%）
是	1 238	29.89
否	2 904	70.11
有效样本	4 142	100

---

* 亩为非法定计量单位，1 亩≈667 米^2。——编者注

2.5 社会影响情况

2.5.1 带动非成员农户情况

从表 2-59 可以看出，带动非成员农户数超过 500 户的样本示范社数量超过三成（30.56%），带动非成员农户数超过 100 户的则接近 2/3。经计算，样本示范社带动非成员农户合计为 393.9 万户，社均带动为 951户，示范社的模范带动效应显著。

表 2-59　合作社带动非成员农户数分布情况

人数分布（户）	样本个数（个）	比例（%）
≤100	1 481	35.76
(100, 200]	500	12.07
(200, 500]	891	21.51
(500, 1 000]	505	12.19
>1 000	761	18.37
有效样本	4 142	100

2.5.2 成员获社会职务及荣誉称号情况

从表 2-60 可以看出，接近半数的样本示范社（2 018 家，占 4 142 家总样本数的 48.72%）的成员获得过各类社会职务及荣誉称号。在这2 018家有效样本中，示范社成员获得的各类社会职务及荣誉称号合计为 5 499个（项），社均为 2.72 个（项）。从表 2-60 还可以看出，在有效样本中，拥有 1 个（项）社会职务或荣誉称号的示范社数量最多（约占四成），其次是拥有 2 个（项）社会职务或荣誉称号的示范社（约占 1/4），而拥有 3个（项）及以上社会职务或荣誉称号的示范社也占了 1/3。

表 2-60　合作社获社会职务及荣誉称号数分布情况

数量分布（个）	样本个数（个）	比例（%）
1	831	41.18
2	515	25.52

（续）

数量分布（个）	样本个数（个）	比例（%）
3	298	14.77
4	136	6.74
5	92	4.56
[6，10]	101	5.00
＞10	45	2.23
有效样本	2 018	100

2.5.3 组织获得财政扶持及社会捐赠情况

经计算，在有效样本中（1 776家和98家），示范社获得财政扶持资金合计为10.5亿元，社均为59.17万元；获得社会捐赠资金合计为1 221万元，社均为12.46万元。从表2-61还可以看出，样本示范社获得财政扶持资金主要集中于20万～50万元（占34.52%），其次是10万元以内（占20.66%）；样本示范社获得社会捐赠资金则基本集中于10万元以内（占79.59%）。

表2-61 合作社获得财政扶持及社会捐赠资金分布情况

金额分布（万元）	获得财政扶持资金		获得社会捐赠资金	
	样本个数（个）	比例（%）	样本个数（个）	比例（%）
≤10	367	20.66	78	79.59
(10，20]	330	18.58	7	7.14
(20，50]	613	34.52	8	8.16
(50，100]	237	13.34	3	3.06
＞100	229	12.89	2	2.04
有效样本	1 776	100	98	100

2.5.4 组织获奖情况

从表2-62可以看出，超过三成（31.39%）的样本示范社获得了省级以上的科技奖励或荣誉，并有超过半数（54.97%）的样本示范社获得了政府及相关部门给予的评价、表彰、荣誉等。

表 2 - 62　合作社获奖分布情况

分布情况	获得省级以上科技奖励或荣誉		获得政府及相关部门给予的评价、表彰、荣誉等	
	样本个数（个）	比例（%）	样本个数（个）	比例（%）
是	1 300	31.39	2 277	54.97
否	2 842	68.61	1 865	45.03
有效样本	4 142	100	4 142	100

3 国家农民合作社示范社发展
指数的构建与计算

3.1 发展指数构建的基本思路与方法

3.1.1 发展指数构建的基本思路

在基本摸清国家农民合作社示范社发展现状的基础上，本研究尝试构建国家农民合作社示范社发展指数，应用合理化指标对国家农民合作社示范社的整体发展水平进行评价，以此考量示范社发展的规范性和适宜性，也有助于提高政府扶持资金的精准性和有效性。

要评价国家农民合作社示范社的综合发展水平，必须回到合作社的本质属性并注意把握以下三点：

首先，农民合作社是一种互助性经济组织，组织的生存是第一要务。因此，要评价农民合作社的发展水平，必先测量其作为经济组织的基础实力，具体包括经济实力和服务成效两个维度。

其次，农民合作社是兼有企业属性和共同体属性的社会经济组织，因此，我们既要关注其经济发展情况，也要关注其共同体发展情况。农民合作社作为一种共同体，应该体现出独树一帜的组织发展活力，具体包括治理水平和社会影响两个维度。

最后，科学技术是第一生产力，而创新是引领发展的第一动力。在新时代，创新能力逐渐成为各经济主体追求自身持续快速发展的新动能。因此，对农民合作社发展水平的评价还需要兼顾其创新能力，具体包括品牌增值和网络利用两个维度。

3.1.2 发展指数构建的基本方法

首先，根据对农民合作社的基本认识，提出国家农民合作社示范社发展指数评价指标体系。如上所述，国家农民合作社示范社发展指数应该能够反映示范社在基础实力（包括经济实力和服务成效）、发展活力（包括治理水平和社会影响）和创新能力（包括品牌增值和网络利用）三大方面六个维度的效果和功能发挥。

其次，对国家农民合作社示范社发展指数的各项测量指标进行赋权并进行计算，从而得出各个国家农民合作社示范社的发展指数。

最后，可根据具体需要，依据国家农民合作社示范社的发展指数对国家农民合作社示范社进行排序，得出国家农民合作社示范社的发展指数排行榜。

3.2 发展指数的设计

3.2.1 发展指数的指标设计

根据前述国家农民合作社示范社发展指数构建的基本思路与方法，结合《国家农民合作社示范社评定及监测办法》（农经发〔2019〕5 号）相关评定标准，特此设计国家农民合作社示范社发展指数的指标体系，详见表 3-1：

表 3-1　国家农民合作社示范社发展指数指标及其权重

一级指标	二级指标	三级指标（具体测量指标）	门槛条件
基础实力（70%）	经济实力（40%）	成员出资总额（5%）	≥100 万元
		年度经营收入（25%）	东中西部分别≥400 万元/300 万元/150 万元
		固定资产（2%）	东中西部分别≥150 万元/100 万元/50 万元
		所有者权益（2%）	
		可分配盈余（6%）	
	服务成效（30%）	入社成员数（16%）	种养业≥100 人
		主要生产资料统一购买率（5%）	≥80%
		主要产品（服务）统一销售（提供）率（5%）	≥80%
		入社成员比非入社农户年收入高出百分比（2%）	
		培训成员和农民数（2%）	

（续）

一级指标	二级指标	三级指标（具体测量指标）	门槛条件
发展活力（20%）	治理水平（12%）	理监事人数（3%）	
		成员（代表）大会年度召开次数（2%）	≥1
		理事长受教育程度（1%）	
		聘用专业工作人员数（1%）	
		可分配盈余按成员与本社交易量（额）返还比例（5%）	返还比例≥60%
	社会影响（8%）	成员分布范围（1%）	
		带动非成员农户数（2%）	
		成员获社会职务及荣誉称号数（1%）	
		是否获得省级以上科技奖励或荣誉（1%）	
		是否获得政府及相关部门给予的表彰、荣誉等（3%）	
创新能力（10%）	品牌增值（8%）	拥有注册商标数（2%）	
		拥有专利数（1%）	
		拥有使用农产品质量认证数（2%）	
		是否建立质量安全追溯制度（2%）	
		是否兴办产后加工业务（1%）	
	网络利用（2%）	通过网络销售量比例（2%）	

注：①括号中的百分数为该指标的权重，权重采用德尔菲法得出。

②未达到《国家农民合作社示范社评定及监测办法》规定的相应指标门槛条件，则该项不计分。

国家农民合作社示范社发展指数各构成指标的界定如下：

（1）成员出资总额。指该示范社所有成员的出资总额。

（2）年度经营收入。指该示范社经财务审计的 2018 年度在生产经营活动中所获得收入的总额。

（3）固定资产。指该示范社经财务审计的 2018 年度拥有的固定资产总额。

（4）所有者权益。指该示范社经财务审计的 2018 年度拥有的所有者权益总额。

（5）可分配盈余。指该示范社经财务审计的 2018 年度在弥补亏损、提取公积金后可供当年分配的盈余。

（6）入社成员数。指该示范社截至 2018 年实际拥有的成员数量。

（7）主要生产资料统一购买率。指该示范社 2018 年度为成员统一购买主要生产资料的比例。

（8）主要产品（服务）统一销售（提供）率。指该示范社 2018 年度为成员统一销售主要产品或提供主要服务的比例。

（9）入社成员比非入社农户年收入高出百分比。指 2018 年度该示范社成员在示范社内从事生产和非生产性经营活动得到的人均收入，相比非入社农户人均收入高出的百分比。

（10）培训成员和农民数。指该示范社 2018 年度培训成员和其他农民的总人次。

（11）理事及监事人数。指该示范社目前拥有的理事会成员和监事会成员总人数。

（12）成员（代表）大会年度召开次数。指该示范社 2018 年度召开成员（代表）大会的次数。

（13）理事长受教育程度。指该示范社在任理事长的受教育程度（最高学历）。

（14）聘用专业工作人员数。指该示范社目前所聘用的专业工作人员数量（包括职业经理人、大学生村官、专业会计人员、销售人员以及技术人员）。

（15）可分配盈余按成员与本社交易量（额）返还比例。指该示范社 2018 年度可分配盈余按成员与本社交易量（额）返还的比例。

（16）成员分布范围。指该示范社成员的分布范围（包括本村、跨村、跨乡镇、跨县市、跨地市或跨省）。

（17）带动非成员农户数。指该示范社截至 2018 年带动非成员农户数量。

（18）成员获社会职务及荣誉称号数。指该示范社成员截至 2018 年获得的社会职务及荣誉称号数量。

（19）是否获得省级以上科技奖励或荣誉。指该示范社截至 2018 年获得省级以上科技奖励或荣誉情况。

（20）是否获得政府及相关部门给予的表彰、荣誉等。指该示范社截至 2018 年获得政府及相关部门给予的表彰、荣誉等情况。

（21）拥有注册商标数。指该示范社截至 2018 年拥有的注册商标数量。

（22）拥有专利数。指该示范社截至 2018 年拥有的专利数量。

（23）拥有使用农产品质量认证数。指该示范社截至 2018 年拥有使用的农产品质量认证的数量（包括无公害产品、绿色食品、有机农产品/食品、地理标志产品、食品生产许可证等）。

（24）是否建立质量安全追溯制度。指该示范社截至 2018 年建立质量安全追溯制度情况。

（25）是否兴办产后加工业务。指该示范社截至 2018 年兴办产后加工业务情况。

（26）通过网络销售量比例。指该示范社在 2018 年销售农产品的所有渠道中，网络渠道的销量占比。

同时，为确保测量指标的合理性和可比性，所有指标均为客观性指标。因此，通过这一指标体系对国家农民合作社示范社的发展指数进行测评，能够较为全面地、科学地反映当前国家农民合作社示范社的发展水平及其发展潜力。

3.2.2　发展指数的计算方法

本研究采用分层赋权、逐层汇总的方法计算国家农民合作社示范社的发展指数。具体计算方法大致如下：

首先，对所有三级指标（具体测量指标）进行规格化处理。由于各个指标的物理量及数量级相差较大，计量单位不尽相同，必须进行规格化处理，即必须采用具备统计学合理性的方法来计算各指标的规格化指数。本研究主要使用"功效系数法"用以消除不同指标量纲的影响并计算分值。功效系数法是在进行综合统计评价时，先运用功效系数对各指标进行无量纲同度量转换，然后再采用算术平均数或几何平均法，对各项功效系数求总功效系数，作为对总体的综合评价值，并进行比较判定。具体计算公式如下：

$$f_i = \frac{x_i - x_{i\,min}}{x_{i\,max} - x_{i\,min}} \times 50 + 50$$

其中，x_i（$i=1，2，\cdots，n$）指各项测量指标；$x_{i\,max}$指各项测量指标所在数列的最大值；$x_{i\,min}$指各项测量指标所在数列的最小值。同时，对各项测量指标的功效系数×50＋50，使得处理后的规格化指数居于50～100。

其次，根据预先确定的各项测量指标的权重，利用各项测量指标的规格化指数计算各国家农民合作社示范社的发展指数，并按照发展指数对所测评的样本示范社排出前100名。

3.3 发展指数的计算结果

3.3.1 发展指数的基本统计情况

从表3-2可以看出，样本示范社的发展指数平均得分为63.47分，分布较为集中，最高分为78.3分，最低分为55.9分，差值为22.4分。其中，基础实力指数平均42.59分（满分为70分，及格为42分），发展活力指数平均13.36分（满分为20分，及格为12分），创新能力指数平均7.52分（满分为10分，及格为6分）。这表明，就本次样本而言，国家农民合作社示范社的发展水平较为平均，但整体水平还有提升空间。

表3-2 国家农民合作社示范社发展指数的基本统计值

指数	最大值	最小值	平均值	标准差
发展指数	78.30	55.90	63.47	2.25
其中：基础实力指数	57.64	36.76	42.59	1.64
发展活力指数	17.14	11.70	13.36	0.98
创新能力指数	9.24	6.50	7.52	0.53

3.3.2 发展指数的具体排序情况（表3-3）

表3-3 国家农民合作社示范社发展指数排名（前100名）

排序	合作社名称	地区	发展指数
1	东台市民星蚕业专业合作社	江苏	78.305
2	浙江省温岭市玉麟果蔬专业合作社	浙江	76.307
3	钟祥市荆沙蔬菜种植专业合作社	湖北	75.102

（续）

排序	合作社名称	地区	发展指数
4	昌黎县嘉诚蔬菜种植专业合作社	河北	74.955
5	京山县石龙农丰养殖专业合作社	湖北	74.627
6	迁西县喜峰口板栗专业合作社	河北	73.352
7	宣城木子禽业专业合作社	安徽	73.142
8	监利县宏翔养猪专业合作社	湖北	73.131
9	张掖市建涵农产品保鲜农民专业合作社	甘肃	73.045
10	武汉新星水产专业合作社	湖北	72.748
11	宿迁市亲耕田农业专业合作社	江苏	72.847
12	西和县恒力半夏专业合作社	甘肃	72.661
13	长兴林梅苗木专业合作社	浙江	72.428
14	宜昌市晓曦红柑桔专业合作社	湖北	72.357
15	阜宁县沟墩禽蛋专业合作社	江苏	72.269
16	随州芽茶专业合作社	湖北	72.059
17	张掖市甘州区杰灵养鸡专业合作社	甘肃	71.974
18	京山盛昌水产养殖专业合作社	湖北	71.968
19	大荔县果农果品专业合作社	陕西	71.889
20	浙江忘不了柑桔专业合作社	浙江	71.765
21	张掖市花寨小米种植专业合作社	甘肃	71.685
22	通辽市科尔沁区育新镇小三合兴村圆葱种植专业合作社	内蒙古	71.504
23	固始县思乡缘林木种植专业合作社	河南	71.448
24	勉县定军山草制品专业合作社	陕西	71.429
25	吴忠市富农奶牛养殖专业合作社	宁夏	71.403
26	昌吉市榆树沟镇民心农村资金互助社	新疆	71.311
27	宜城市玉保养鸭农民专业合作社	湖北	71.310
28	东台市富安蚕业专业合作社	江苏	71.272
29	松滋市汇龙生猪养殖专业合作社	湖北	71.211
30	驻马店市开发区六和红心农民专业合作社	河南	71.090
31	芦台经济开发区腾达畜禽养殖专业合作社	河北	71.006
32	封丘县青堆树莓专业合作社	河南	70.996

（续）

排序	合作社名称	地区	发展指数
33	奇台县丰裕农业服务专业合作社	新疆	70.553
34	清河县马屯红果种植专业合作社	河北	70.449
35	玉门市赤金镇冬韭王韭菜农民专业合作社	甘肃	70.304
36	谷城县魏家山畜禽生态养殖专业合作社	湖北	70.292
37	唐河县新农辣椒专业合作社	河南	70.233
38	阜宁县古河生猪专业合作社	江苏	70.217
39	镇雄县邦兴生态农业农民专业合作社	云南	70.206
40	德令哈市新埔种植示范园区专业合作社	青海	70.146
41	南昌县鄱阳湖裕丰水产品专业合作社	江西	70.084
42	青龙满族自治县五指山板栗专业合作社	河北	69.900
43	泸州市龙马潭区美艺园林专业合作社	四川	69.875
44	江山市健康蜂业专业合作社	浙江	69.761
45	监利县禾富粮食种植专业合作社	湖北	69.693
46	上海新凤蜜露果蔬专业合作社	上海	69.612
47	铁岭市互帮农民服务专业合作社	辽宁	69.601
48	陕西旬邑忠农苹果专业合作社	陕西	69.599
49	海原县农腾种养殖专业合作社	宁夏	69.596
50	临猗县王万保果品种植专业合作社	山西	69.584
51	盐亭县良永生猪养殖专业合作社	四川	69.555
52	铅山县紫文蔬菜专业合作社	江西	69.536
53	唐河庄稼人花生专业合作社	河南	69.526
54	莫力达瓦达斡尔族自治旗兴军牲畜养殖专业合作社	内蒙古	69.524
55	梓潼富库葛根专业合作社	四川	69.483
56	垣曲县林丰种植专业合作社	山西	69.466
57	桐城市新天地农业种植专业合作社	安徽	69.447
58	昌宁县正强嘎薄泡核桃专业合作社	云南	69.416
59	达州市华生养殖专业合作社	四川	69.341
60	宣城市溪口连财养鸡专业合作社	安徽	69.310
61	丹东市圣野浆果专业合作社	辽宁	69.302
62	昌吉市新峰奶牛养殖专业合作社	新疆	69.295
63	文水田园薯业专业合作社	山西	69.249

（续）

排序	合作社名称	地区	发展指数
64	北京奥金达蜂产品专业合作社	北京	69.242
65	宾川县宏源农副产品产销专业合作社	云南	69.239
66	宁强县羌良核桃生态专业合作社	陕西	69.236
67	湖南亚辉柑桔专业合作社	湖南	69.059
68	库尔勒美旭香梨农民专业合作社	新疆	69.032
69	九台区忠田农业农民专业合作社	吉林	69.005
70	重庆海林种养友好生猪专业合作社	重庆	68.984
71	石门县恒园果业专业合作社	湖南	68.951
72	福建省安溪县西坪德峰茶叶专业合作社	福建	68.901
73	饶河县新合东北黑蜂养殖专业合作社	黑龙江	68.899
74	山东省聊城市农合亿沣蔬粮种植专业合作社	山东	68.893
75	金华市绿春苗木专业合作社	浙江	68.876
76	高州市晟丰水果专业合作社	广东	68.838
77	北京诚凯成柴鸡养殖专业合作社	北京	68.802
78	杭州天和水产专业合作社	浙江	68.767
79	巴林左旗红格尔花卉种植专业合作社	内蒙古	68.693
80	武强县牧兴肉鸭养殖专业合作社	河北	68.679
81	常州太湖明珠水产专业合作社	江苏	68.582
82	广水市应山红星养殖专业合作社	湖北	68.549
83	南阳卧龙区石桥月季合作社	河南	68.493
84	定南县汇丰生猪专业合作社	江西	68.484
85	青岛地平线蔬菜专业合作社	山东	68.449
86	德惠市金丰马铃薯生产专业合作社	吉林	68.416
87	宁波市镇海绿丰农产品专业合作社	浙江	68.381
88	北京绿神茸鹿养殖专业合作社	北京	68.372
89	成都市金堂县官仓果蔬专业合作社	四川	68.288
90	晴隆县光照镇白果冲蔬菜农民专业合作社	贵州	68.245
91	盐城市盐都区鼎绿蔬菜专业合作社	江苏	68.190
92	重庆市万州区铁峰山猕猴桃股份专业合作社	重庆	68.170
93	会理县明荣科技养殖专业合作社	四川	68.157
94	乐业县张家湾红心猕猴桃产销合作社	广西	68.156

（续）

排序	合作社名称	地区	发展指数
95	青岛千家福花生专业合作社	山东	68.014
96	云梦县雷福垸种养殖专业合作社	湖北	67.942
97	五常市十万人家种养殖农民专业合作社	黑龙江	67.889
98	建瓯市光祥莲子专业合作社	福建	67.888
99	天津滨海浩龙种植专业合作社	天津	67.738
100	汨罗市强农优质水稻种植专业合作社	湖南	67.091